LE FONDS SARRASY

(962-1826)

AUX

ARCHIVES DÉPARTEMENTALES DU TARN

NOTICE & CATALOGUE

PAR

Ch. PORTAL

ARCHIVISTE DU DÉPARTEMENT

ALBI

IMPRIMERIE NOUGUIÈS

33, Rue de l'Hôtel-de-Ville, 33

1906

LE FONDS SARRASY

(962-1826)

AUX

ARCHIVES DÉPARTEMENTALES DU TARN

~~~

NOTICE

Le 4 août 1876 mourait à Albi, où il était né le 7 décembre 1809, M. Isidore Sarrasy, ancien contrôleur des Contributions directes. Deux volumes de vers et prose (1), quelques poésies isolées publiées pour la plupart par la *Revue du Tarn* (2) après le décès de l'auteur n'échapperont peut-être pas à l'oubli de la postérité. Une œuvre de réelle valeur survivra, malgré son titre assez étrange de *Tribulations d'un contrôleur* (3). Cette étiquette énigmatique cache une étude des plus consciencieuses et judicieuses sur les anciens cadastres et la topographie de la ville d'Albi.

Esprit curieux et original, rêveur à ses heures, intéressé par l'histoire de son pays natal, il n'est pas surprenant que M. Sarrasy ait été l'un des fondateurs de la Société des sciences, arts et

(1) *Amour et patrie* (Paris, 1848, in-8o), vers avec notes en prose. — *Patria. Petites heures de la ferme et de l'atelier* (Albi, 1873, in-8o), vers et prose.

(2) *Revue du Tarn* t. I à VIII *passim*. On trouve dans le même recueil une note sur *Montans et Gaillac* (t. I) et une *Étude sur les origines du pays d'Albigeois* (t. VII).

(3) *Les tribulations d'un contrôleur et les livres de l'impôt en France* (Paris et Albi, 1860-62, in-8o, avec fac-similés).
~~~

belles-lettres du Tarn (1) et qu'il ait manifesté l'intention de laisser aux Archives départementales la collection de documents recueillis par lui çà et là.

Pour se conformer à ce vœu, Mᴸᴸᵉ Sarrasy, sa sœur et héritière, s'empressa de communiquer à mon prédécesseur, les parchemins, papiers et registres qui en faisaient l'objet. Dès le 31 août le Conseil général décidait qu'ils formeraient un fonds distinct auquel serait attribué le nom du donateur. Le dépôt fut effectué dans le courant de 1877.

Il est invraisemblable que ce fonds n'ait pas été inventorié, au moins au moment où l'Archiviste le prenait en charge. Cet inventaire n'a pas été retrouvé. D'autre part, des remaniements occasionnés, il y a quelques années, par l'agrandissement du local des Archives et aussi peut-être plusieurs transferts antérieurs avaient eu pour résultat d'introduire le désordre le plus complet dans les registres qui ne se suivaient pas, dans les liasses dont les liens avaient disparu. L'urgence d'un catalogue se faisait donc sentir, car toute recherche était provisoirement impossible.

Cela était d'autant plus regrettable que le fonds Sarrasy a une certaine importance. Il contient : la pièce la plus ancienne des Archives du Tarn (charte de 962. Voy. le nᵒ 189 du catalogue), une série de dossiers de titres féodaux relatifs à sept seigneuries dont et surtout la vicomté de Lautrec, des titres de famille groupés à la suite d'environ 185 noms différents (2),

(1) *Revue du Tarn* t. I, p. 145. (Note nécrologique.)

(2) Y compris 104 testaments mystiques qu'il a paru bon de conserver ensemble à la suite des titres divers de famille. En faveur de ce système plaidaient, outre la « possession d'état », l'identité d'origine qui était une étude de Lautrec et des particularités plus faciles à saisir dans un groupe à part. C'est ainsi qu'il était plus commode d'examiner et comparer les cachets ayant servi à sceller ces actes, cachets qui se rattachent à trois types différents : 1º *nobiliaire* (blasons des familles de Boyer de Lavalette, de Capriol, Dulac de Bellegarde et Dulac

ial

des registres de notaires de huit localités, des
actes de toute sorte, (parfois des délibérations
communales), de quatorze communautés. Le
clergé séculier n'est représenté, par contre, que
par des chapellenies appartenant à cinq paroisses, le clergé régulier par deux abbayes et une
commanderie d'Hospitaliers.

L'ensemble (883 pièces, 3 rouleaux et 81 registres) est assez volumineux pour n'être pas une
quantité négligeable. Mais ce n'est pas la *quantité* qui constitue l'importance du fonds. La
date reculée de beaucoup de parchemins, outre
celui de 962, le caractère de curiosité de plusieurs
titres, les ressources précieuses que maint dossier offre à l'histoire généalogique de familles
illustres ou notables de l'Albigeois et du Rouergue, autant d'arguments en faveur de la *qualité*
de la collection.

Pour ce qui est des dates, on verra que la plus
ancienne des titres féodaux est 1255 ; les titres de
famille remontent à la fin du XIIe siècle (no 122),
les minutes notariales à 1347, les documents
concernant les communautés à 1363, ceux du
clergé séculier à 1307, ceux du clergé régulier à
962.

L'histoire de l'abbaye bénédictine de La Salvetat a été modifiée par la connaissance de l'acte
déjà plusieurs fois cité de 962. On pourrait signa-
ler d'autres pièces tout au moins curieuses : une
lettre missive de Louis XIII (no 29), un parchemin signé du général des Jésuites Oliva et
d'ailleurs enluminé dans un fort mauvais goût
(no 184), quelques autres encore que le présent
catalogue, quoique succinct, permettra de décou-
vrir facilement.

Pour finir, je ferai remarquer que toutes les

de Monvert, de Foucaud, de Landes de Saint-Palais, de
Ramond du Pouget, de Requiraud, de Seigneuret et de Sau-
vensa), 2o *communal* (sceau de Lautrec. Voy. le no 123,
Chambal, Goffre, etc.) ; 3o *de fantaisie* (empreinte d'une
intaille ou d'un chaton de bague no 123, Polier). Sur ces 101
testaments dix seulement auraient pu rentrer dans les
dossiers qui les précèdent. Un signe spécial en avertit
le lecteur.

dates sont ramenées, quand il y a lieu, au style moderne. Il sera aisé de constater que les divisions adoptées sont celles des Archives départementales. Le tableau suivant résume le catalogue.

DIVISIONS	DATES EXTRÊMES	PARCHEMINS		PAPIERS	REGISTRES ou CAHIERS
		Pièces	Rouleaux		
(A) Actes du pouvoir souverain	1690-1750	»	»	6	»
(B) Juridiction	1716	»	»	1	»
(C) Administration	1639	»	»	1	»
(E) Titres féodaux	1255-1788	19	1	4	13
(E) Titres de famille { Divers	[fin XIIe s.]-1791	301	2	191	8
famille { Testaments mystiques	1667-1826	»	»	104	»
(E) Notaires	1347-[début XVIIe s.]	»	»	»	42
(E) Communautés	1363-1781	4	»	235	11
(G) Clergé séculier	1307-1787	7	»	7	3
(H) Clergé régulier	962-[XVIIIe s.]	3	»	»	4
		334	3	549	81
		883 pièces, 3 rouleaux			registres ou cahiers

CATALOGUE

(A) Actes du pouvoir souverain, 1690-1750.

1) Tarif des nouvelles monnaies, 1690. — Arrêts du Conseil d'Etat du roi sur les monnaies, 1703. — Ordonnance royale sur les écoles en Languedoc, 1744. — Lettres patentes relatives à la profession de la chirurgie, 1750 (6 papiers).

(B) Juridictions, 1716-17.

2) Viguerie d'Albi. — Affaire criminelle, 1716-17. (1 pap.).

(C) Administration provinciale, 1639.

3) Taxe du ban et de l'arrière-ban en Albigeois, 1639 (1 pap.).

(E) Titres féodaux, 1255-1788.

4) Saint André, seigneurie, 1635-54. — Reconnaissance en faveur de Jean de Capriol-Saint-Maurice, s^r de Cuq et Saint-André, 1635-54 (registre). Voy. aussi les dossiers des familles de Capriol et de Saint-Maurice.

5) Arifat, seigneurie, 1540. — Reconnaissances en faveur du roi et de Jacques de Saint-Maurice, coseigneurs d'Arifat, 1540 (reg.). — Voy. ci-après à la s^{ie} de Paulin.

6) Castres, comté, 143.. — Hommage au comte de Castres pour Boissezon-de-Matviel, Miolles, Curvalle, etc. (1 parchemin).

7) Lautrec, vicomté, 1255-1788. — Inventaire de titres des xve-xviie siècles concernant la vicomté de Lautrec [xviie s.] (1 pap.).

8) Recueil d'actes relatifs aux limites et au partage de la vicomté, 1255-1384, copie du xve s. (reg.).

9) Lauzimes par les vicomtes Amalric, 1286-91, — Sicard, 1304, — Amalric, 1314-46, — Jean de Voisins, 1431, — Jean de Foix, 1480-85, — Maître de Voisins, 1516 (14 parch., 1 pap.).

10) Hommages et reconnaissances à dame Brunissende, vicomtesse de Lautrec et seigneuresse d'Ambres, pour Labruguière, Ambres, La Tour et autres lieux 1404 (reg.).

11) Reconnaissances en faveur du vicomte Jean de Foix pour Saint-Julien-du-Puy, 1495 (reg).

12) Affaire relative à un moulin à vent, le roi étant vicomte, 1579-1601 (2 pap.).

13) Reconnaissances de la baronnie de Venès pour Marguerite de Caraman et Foix, vicomtesse de Lautrec, 1581 (reg.).

14) Reconnaissances en faveur de Louis de Voisins, baron d'Ambres, vicomte de Lautrec, pour Le Contrast, 1599-1615 (reg.).

15) Aveu et dénombrement de la vicomté, 1647-48. (2 cahiers).

16) Serments des consuls des localités dépendant de la vicomté, 1666-74 (reg.).

17) Aveu et dénombrement, 1674 (cah.).

18) Aveu et dénombrement d'Hector-Louis de Gélas de Voisins, marquis d'Ambres et vicomte de Lautrec, pour ses droits et possessions dans le diocèse de Castres, 1730 (reg.).

19) Reconnaissances en faveur de Philippe de Noailles, duc de Mouchy, marquis d'Arpajon, baron d'Ambres, vicomte de Lautrec, dans le consulat de Cuq, 1778-80 (cah. incomplet des premiers feuillets).

20) NEGRIN, seigneurie, 1619-43. — Procès, saisie de la seigneurie, (reg.) — Voy. aussi le dossier de la famille de Rouyre.

21) PAULIN, vicomté, 1428-99. — Reconnaissance en faveur de Philippe-Jean de Rabastens, vicomte de Paulin pour une moitié, chevalier, et les autres seigneurs qui ne sont pas nommés, 1428. — Autre reconnaissance pour Philippe-Jean de Rabastens, vicomte de Paulin, et pour les coseigneurs qui sont : Bernard d'Arifat pour un quart et Jacques de Thureys pour le dernier quart, 1439. — Lauzimes par Pilfort de Rabastens, vicomte de Paulin, 1498 et 1499 (4 parch.).

22) Lauzimes par Bernard de Soubiran, vicomte de Paulin, seigneur d'Arifat, coseigneur d'Arifadès, pour divers mas situés dans la région de Montredon, 1437 (rouleau).

23) LA VOUTE, seigneurie (dans l'Hérault), 1372-1413. — Procès des coseigneurs contre les habitants de Saint-Martin-de-Larçon au sujet du service de guet à La Voute (reg. incomplet).

(E) **Titres de famille**, [fin du XII⁰ s.]-1826.

24) AGASSE, 1370-92. — Lauzimes au nom de Guil-

laume A., chevalier, coseigneur de Saint-Cyr [près Lautrec] (reg.).

25) AGUANT..., 1296. — Lauzimes de Bernard A., damoiseau d'Ambialet (1 parch).

26) * ALBERT, 1600-19. — Acquisitions pour Mathieu A, de Cahuzac près Saint-Amans-Soult, 1600 ; — par Guillaume d'A., sr d'Alban, 1619 (2 parch).

27) ARNAL, 1300-79. — Lauzimes par et reconnaissances en faveur de Bernard A.. de *Lenco* au diocèse de Rodez, chevalier, 1300 3 ; — Bérenguier A., frère et héritier de Bernard. damoiseau, seigneur en partie de *Lenco*, 1307-33 ; — Bernard, damoiseau de Brasc, 1337-39 ; — Tilburge, 1379 (9 parch.).

28) ASTIÉ, 1606. — Acquisition par Antoine A., deLa Roque d'Arifat (1 parch.).

29) d'ASTUGUE, 1616-66. — Lettre de Louis XIII au baron d'Arvieu. [Alexandre d'Astugue], 1616 ; — pactes de mariage de Jean d'Aldéguier, sr du Luc et Olympe d'Astugue d'Arvieu, fille d'Alexandre de Corné, baron d'Arvieu. 1620; — procès-verbal de vérification des titres de noblesse de la famille par le subdélégué de l'intendant de Guienne. 1666 (1 parch., 2 pap.).

30) AUDIBERT, 1572-1606. — Echange par Bertrand et Guillaume A.. du Pont-de-Larn, 1572 : — acquisition par Abel et Pierre, fils de Bernard, 1606 (2 parch.).

31) AUDON, 1279-1395 — Lauzimes par Robert A., de Curvalle. 1279-80 : — Gaillard, 1284-86 ; — Bernard, 1287-1312 ; — François, 1316-17 ; — Bertrand, damoiseau. 1318-26 ; — Galvanh, damoiseau, 1339-53 ; — Guitbert, damoiseau, 1358 60 ; — Galvanh, damoiseau, 1365 75 ; — Guitbert, damoiseau, 1388 , — Pierre, damoiseau, 1395 (53 parch.).

32) AZEMAR [vers 1390]. — Lauzime par Jean A., sr de Nages (1 parch.).

33) de BARTHÈS, 1769-83. — Mariage de Pierre B., écuyer d'Albi, avec Elisabeth Bonifas de Castelvert, 1769 ; — procès du même, 1783 (2 pap.).

34) BELOT, 1660. — Mariage de Jean B , notaire de Lombers, avec Jeanne de Grimaldi, (1 pap.).

35 BERENGUIER, 1342. — Acquisition par Pierre B., notaire à Miolles (1 parch.).

* Les noms précédés d'un astérisque se retrouvent dans la série des testaments mystiques qu itermine la division des titres de famille.

36) de BONIFAS de CASTELVERT, 1777. — Testament de Marie-Anne de B., d'Albi (1 pap.). — Voy. aussi Barthès, ci-dessus.

37) de BOSQUET, 1253-1365. — Lauzimes et acquisitions par reconnaissances en faveur de Huc de B. et Latgier, son fils, de Curvalle, 1253-57 ; — Latgier [père et fils ?] qualifié damoiseau à partir de 1312, 1260-1365 ; — Durand, 1312 (35 parch.).

38) BOUSQUET, 1666. — Testament de Bernard B., prêtre de Lescure (1 pap.).

39) de CABROL, 1584-1644. — Acquisition de Guillaume de C., sr de La Roque, 1584 ; — hommage au roi par Louis de C., seigneur pour moitié de La Roque d'Arifat, à raison de cette seigneurie, 1644 (2 parch.).

40) CALVEL, 1333. — Acquisition par Bertrand C., de Saint-Sernin-sur-Rance (1 parch.).

41) CAMPMAS, 1641. — Procès de Pierre C., recteur d'Aucamville (1 parch.).

42) * de CAPRIOL, 1631-57. — Procès de Jean de C. Saint-Maurice, sr de Cuq et Saint-André, 1631 ; — cession par le même d'un droit de tasque dans la baronnie de Curvalle en faveur de Guillaume de Passemar, 1632 ; — procès de Paul de C., sr de Puechnautier, 1657 (3 parch., 1 pap.).

de CASSAGNES-BEAUFORT, marquis de Centres. — Voy. ci-après le dossier Solages

43) * CASTANIER, 1512-1623. — Acquisition par Arnal et Berenguier C., du consulat d'Hautpoul, 1512 ; — procès d'Abraham C, du même lieu, 1623 (1 parch., 1 pap.).

de CASTELVERT. — Voy. ci-dessus Bonifas de C.

44) * de CAUSSÉ, 1650. — Acquisition par Jean de C., chanoine du chapitre de Lautrec (1 parch.).

45) de CAVAYER, 1655. — Arrentement par Abel de C., sr de Provillergues, habitant de Lautrec (1 parch.).

46) de CHATEAUVERDUN, 1461. — Reconnaissance envers Jean de C., alias de Sainte-Camelle, sr de Puycalvel (1 parch.).

47) de CORAS, 1570-1649. — Partage des biens de Jean de C., de Réalmont, entre ses fils, Jean, conseiller au Parlement de Toulouse, et François, écolier, 1570 ; — testament de Jacques de C., docteur en droit, ancien prévôt de Réalmont, 1618 ; — réception de Jean de C., docteur en droit, comme avocat près la Chambre de l'édit de Castres, 1649 (3 parch.).

— 9 —

48) de CORBIÈRE, 1620-31. — Procès de Jean-Paul de C., s^r de Saint-André, 1620-31. Il est qualifié de s^r de La Roque d'Assac dans la pièce de 1631 (2 parch).

49) CORDES, 1647. — Procès de Jean de C., marchand de Mazamet (1 parch).

50) CREMAILLET, 1683. — Reconnaissance en faveur de Jacques C , s^r de Pratviel, habitant de Réalmont, (1 pap.).

51) de CRESPON, 1318-1789. — Dossier généalogique formé en 1763 pour prouver la noblesse de la famille : mention de François C. dans un acte de 1318 ; — mariage de Jean de C., écuyer, fils de Jacques, de Cassagnes-Comtaux, avec Marie Manipi, 1497 ; — mariage de Guillaume de C., écuyer, fils de Jean, avec Catherine Troulhet, de Valence d'Albigeois, 1521 ; — testament de Jean, écuyer, 1559 : — testament de Guillaume, écuyer, 1560 ; — mariage d'Antoine de C., écuyer, s^r du Dourn, fils de Guillaume, avec Françoise de Roquefeuil, 1574 ; — testament d'Antoine, s^r du Dourn et de Labastide-Fabas, paroisse du Dourn en Albigeois, 1597 ; — acquisitions par Antoine, 1598-1605 ; — mariage de Pierre de C., fils d'Antoine, avec Isabeau de Capriol, fille de Gabriel, s^r de Mandoul, 1615 ; — procuration donnée à Pierre qualifié s^r de Pradels, par ses frères, Jean, recteur de Bonneval. François, s^r de Rieusec, Louis, s^r de La Calmette, Charles, s^r de Solages, et Jacques, s^r de La Brocarié, 1636 ; — extraits des registres de baptême de la paroisse de Meljac, 1650-69 ; — mariage de Pierre de C., s^r de Pradels et Millars, avec Marie d'Astugue de Brenguier, 1654 ; — procès de François de C., s^r de Rieusec et La Raffinié, 1654 ; — mariage du même, fils d'Antoine, avec Anne de Saunhac, 1658 ; — testaments de Louis de C., s^r de La Calmette, 1659 ; — de François. s^r de Rieusec et La Raffinié, 1664 ; — de Pierre, s^r de Pradels et Millars. 1664 et 1670, codicille du même. 1680 ; — mariage de Jean-Pierre de C.. s^r de La Raffinié, fils de Pierre, avec Catherine de Saunhac, 1693 ; — mariage de Jean de C., s^r de Meljac, fils de Pierre, avec Marie de Pujol, 1698 : — jugement de l'intendant de Montauban déclarant usurpateurs de la noblesse Jean-Pierre, Jean et Pierre, s^r de La Calmette, 1699 ; — donation par Marie d'Astugue, veuve de Pierre de C.. à son fils Paul, s^r de Rocassé, 1700 ; — mariage de J. de C. del Puech, s^r de Meljac, fils de Pierre, avec Anne de Montazet, 1719 ; — procès du dit Jean, 1720-37; — mariage de Jean, de C., s^r de La Raffinié, ancien capitaine d'infanterie, fils de Jean-Pierre, avec Suzanne de Gaujal de Grandcombe, 1739 ;

— procuration donnée par Jean del Puech, s^r de Meljac, à son fils Jean-Pierre, s^r des Vignes, 1740 ; — mariage de Jean-Pierre de C., s^r des Vignes, avec Hélène-Augustine de Bonifas de Castelvert, d'Albi, 1749 ; — mémoires avec tableaux généalogiques produits par le s^r des Vignes, s^s de Meljac, et Jean, s^r de La Raffinié, pour prouver leur noblesse, 1763.

Testament d'Hélène-Augustine de Castelvert, ci dessus, 1764 ; — testament de Jean de C., s^r de La Raffinié, 1767 ; — mariage de Jean-Baptiste de C , s^r de La Raffinié, fils de Jean, avec Marie-Jeanne d'Yzarn de Freissinet, 1773 ; — mariage de Rose de C., fille de Jean-Pierre des Vignes, avec Jean-Antoine de Granier, s^r de Lafage, château de la paroisse de Saint-Beauzile au diocèse d'Albi, 1781 ; — correspondance, procès criminel de Jean-Pierre des Vignes contre les sieurs Roquefeuil, 1780-86 ; — nouveau mémoire avec tableau généalogique, 1786 ; — certificats, correspondance et autres pièces concernant les fils de Jean-Pierre des Vignes qui sont : Jean-Pierre, Victor, Paul et Augustin, 1788-1789; — cahier des doléances de la paroisse de Saint-Circq La Raffinié, 1789 (7 parch., 138 pap.).

52) Duon, 1790. — Testament de Joseph D., négociant de Castelnau-de-Lévis (1 pap.).

53) Doyer, 1791. Brevet de chevalier de saint-Louis pour Charles Severin D , sous-lieutenant de maréchaussée à Bailleul (1 parch.).

54) * Ducros, 1617. — Réception de Pierre D., docteur en droit, de Lombers, comme avocat près la Chambre de l'édit de Castres (1 parch.).

55) Escaffre, 1270-1374. — Lauzimes et échange par, reconnaissances en faveur de Bernard E. [père et fils ?], de Curvalle, 1270-1366, le dit Bernard qualifié damoiseau depuis 1321 et s^r de Montanhol dans le seul acte de cette année ; — Miracle E , femme de Raimond del Rieu, de Calmont en Rouergue, 1374 (10 parch.).

56) Etienne, 1529. — Acquisition par Jean E., de La Roquette, diocèse de Castres (1 parch.).

57) Fabre, 1655. — Quittance pour Isaac F., de Mazamet (1 parch).

58) Faget, 1594. — Acquisition par François F., de Cadalen (1 parch.).

59) Favarel, 1631-75. — Aveux et dénombrement de Constantin F., de Pampelonne, 1631 : — François, 1675 (2 parch.).

60) de Frégeville, 1552. — Certificat de bachelier en

droit canon de l'Université de Toulouse pour Huc de F.,
de Réalmont (1 parch.).

61) Gasc, 1546. — Testament d'Antoinette G., d'Albi
(1 pap.).

62) Gasquet, 1482. — Reconnaissance en faveur d'Antoine G., de Lombers (1 pap.).

63) de Genibrouse, 1605-7. — Procès de Nicolas de G.,
sr de Saint-Amans, 1605 ; — conversion d'un droit de
tasque en censive par Audouce de Peyrusse, mère du
dit Nicolas, veuve de Pierre de Caylus, baron de
Colombiers, 1607 (2 parch.).

64) de Gept, 1662. — Mariage de Jacques de G., sr de
Fos, Saunian, etc., avec Antoine te de Caylus, fille de
François, sr de Rouairoux, Colombiers, Saint-Martin-
de-Larçon, etc. (1 parch.).

65) Gili, 1305. — Acquisition par Guill. G. de Plaisance (1 parch.).

66) de Gironda, 1597. — Mariage de Jean de G., sr de
La Combe, avec Marie de Roquefeuil, fille d'Arnaud,
sr de Lasalle-Padiès, coseigneur de Mirandol (1 pap.).

67) Graves, 1351-52. — Vente, lauzime par Gaillard
G., damoiseau de Curvalle (2 parch.).

68) *Grimaldi, 1609-90. — Procès de Pierre G., praticien
de Lombers, 1609 ; — mariage de Pierre de G., de Lombers, écuyer, fils de Pierre, avec Marie de Cardailhac,
1649 ; — testament de Marthe Carel, femme de Pierre G.,
bourgeois, 1653 ; — testament de Pierre G., bourgeois,
fils de Pierre, 1653 et 1668 ; conventions entre Pierre
G., et son frère, 1690 (2 parch., 4 pap.).

69) Hébrard, 1513. — Reconnaissance en faveur d'Antoine H., de Pampelonne, sr de Palicyrols (1 pap.).

70) Jorda, 1312-30. — Acquisitions, lauzimes par et
reconnaissances envers Guillaume J., damoiseau de
Curvalle, 1312-21 ; - Bernard, 1326 ; — Guillaume, 1330
(5 parch.).

71) Julia, 1549. — Testament d'Antoine J., d'Albi
(1 parch.).

72) de Lacger, 1727-69. — Règlement d'intérêts entre
Marc-Antoine de L. de Clot et son beau-frère, Jacques-
François Bonifas de Castelvert, 1727 ; — aveu et dénombrement de Louise de L., veuve du dit de Castelvert,
pour des biens ou droits à Pouzols, 1752 ; — procès de
la même personne, 1753-69 (1 parch., 6 pap.).

73). *Lagrèze, 1780. — Mariage de François-Guillaume

L., procureur à Albi, avec Françoise-Catherine Demurs. (1 parch.).

74) de LAMY, 1654. — Procès de Jean de L., chanoine du chapitre cathédral d'Albi (1 parch.).

75) de LOUPIAC, 1548. — Reconnaissance en faveur de Pierre de L , s^r de Colombié, paroisse de Montalazac au diocèse de Rodez, de Pruines, Laval, etc., pour des biens situés à Valence d'Albigeois (1 parch.).

76) MAINADIER, 1654. — Acquisition par Jacques M., de Négrin (1 parch.).

77) MARTIN, 1683 et 84. — Absolution pontificale et ordonnance conforme de l'archevêque d'Albi pour Pierre M., du diocèse d'Albi (2 pap.).

78) MATHIEU, 1295-1762. — Lauzime par Pierre M., de Curvalle, 1295 ; — acquisition par Jean M., prêtre d'Albi, 1462 ;   certificat d'examen de médecine pour Jean-Antoine M., de Rudelle, diocèse d'Albi, 1762 (3 parch)

79) de MOLINIER, 1609-94. — Procès d'Elix de Rigaud, veuve de François de M., 1609 ; — mariage de Jean-Jacques de M., de Saint-Pons, s^r de La Fajolle, avec Elix Gleyses, 1611 ; — testament de Pierre de M , s^r de La Fajolle, 1693 ; — inventaire des biens mobiliers du dit Pierre, 1694 (2 parch., 2 pap.).

80) MORET, 1433-1561. — Lauzime par Dominique M., marchand d'Albi, 1433 ; — cession d'un cens par Louis de M., s^r de Nogaret, 1561 (2 parch.).

81) MOSELS, 1583. — Testament de Jean M., marchand de Montdragon (1 parch.).

82) de NAVAS. 1476. — Reconnaissance en faveur de Louis de N., s^r de Verdun, habitant de Curvalle (1 parch.).

83. * de PASSEMAR, 1599-1744. — Lauzimes par, reconnaissances et quittance pour Guillaume de P., s^r de Cantelauze, 1599-1633, qualifié écuyer depuis 1606 et baron d'Alban à partir de 1632 ; — Paul de P., vicomte de Saint-André, 1735, ou de P.-Saint-Maurice de Capriol, vicomte de Saint-André, baron d'Alban, s^r de Cuq, 1744. — Reconnaissances du domaine de La Tourrette, paroisse de Saint-André, envers Bérenguier Comte et autres auteurs des de Passemar, 1377-1505 (1 parch , 7 pap. et 1 cah.).

84) * de PAULIN, 1306-1444. — Lauzimes par Pierre de P., de Lautrec? 1306 ; — par Jean de P., s^r de Monestiés et Saint-Hippolyte, 1444 (1 parch , 1 pap.).

85) Pelepoul, 1416. — Lauzime par Pierre P., de Montdragon (1 parch.).

86) * de Perrin, 1634-35. — Arpentement de biens dépendant d'Alexis de P , sr de Montpinier, dans la région de Lautrec (reg.).

87) de Perrin (suite), 1672. — Aveu et dénombrement des sieurs de P. et de Martin succédant à leur aïeul, Jacques Dupuy, sr de Cabrilles (cah.).

88) de Perrin (fin) [xviiie s.]. — Arpentement de biens dépendant de Guillaume de P., sr de Lengary (reg.).

de Pesteils. — Voy. le dossier Solages.

89) de Peyrole, 1300-62. — Ventes de biens dans la région de Curvalle par Huc de P. (2 parch.).

9)) du Pont, 1353-58. — Lauzimes par Bertrand du P., chevalier de Curvalle (2 parch.).

91) Poget, 1462. — Reconnaissances en faveur de Pierre P., de *Ricostari* au diocèse de Rodez pour des biens situés à Ambialet (rouleau).

92) Prades, 1612. — Acquisition par Bernard et Pierre P., de Négrin (1 parch.).

93) de Pratviel, 1435 96. — Lauzimes par Antoine de P., bourgeois de Lautrec et reconnaissances en sa faveur 1435-42 ; — reconnaissances envers son successeur, Gaspard de Laugaricu, 1496 (reg.).

94) * de Pujol, 1617. — Testament de Pierre de P de Raimoud de Solages, baron de Tholet (1 pap). — Voy. le dossier Solages.

95) de Quercy, 1501. —. Vente par Yzarn de Q., [trésorier de la vicomté] de Lautrec (1 parch.).

de Rabastens. — Voy. la division : Titres féodaux, Paulin, et le dossier Saint-Maurice, ci-après.

96) Raffin, 1464. — Reconnaissance en faveur d'Aimeric R , damoiseau, coseigneur de La Raffinié en Rouergue (1 pap).

97) Reynes, 1524-48. — Lauzimes par Jean R., puis par son fils Roger, marchands d'Albi, de biens situés à Aussac, Fénols, Montsalvi et Rouffiac (reg.).

98) del Rieu, 1418. — Lauzime par Baptiste del R., de Curvalle ou des environs (1 parch.). — Voy. aussi le dossier Escaffre.

99) de Rocosel, 1303 et 14. — Lauzimes par Neslot de R., damoiseau de Curvalle (2 parch.).

100) de Roquefeuil, 1631-1640. — Arrentements à Jean

de R., s^r de Cahuzaguet, habitant de Lédergues, 1631-40 ;
— mariage du dit Jean avec Jeanne Lacombe, de
Lédergues, 1640 (4 parch.).

101) de ROUFFIAC, 1377. — Lauzimes au nom des fils
d'Amblard de R., de biens situés à Aussac et dans les
environs (rouleau).

102) de ROUFFIAC (suite et fin), 1377-1554. — Lauzimes
par Jean et Raimond de R., d'Aussac, 1377 ; — Bertrand,
1480. — Jean, s^r d'Aniès près de Salles, 1554 (3 parch.).

103) de ROUYRE, 1631-1782 — Mariage de Pierre R.,
lieutenant au siège de Cabardès, avec Marie Vignevieille,
fille de Jean, s^r de Négrin, 1631 ; — procès dudit
Pierre, 1642-56 ; — de Guillaume de R., s^r de Lagrave et
Négrin, 1664-65 ; — procès de Guillaume, ajoutant aux
précédents titres celui de maître particulier des Eaux
et forêts de la maîtrise de Saint-Pons établie à Mazamet,
1686-1709 ; — testament du dit Guillaume, 1710 ; — acquisition, procès de Martial de R , s^r de Négrin, maître
particulier des Eaux et forêts à Mazamet, 1700-44, qui
s'intitule coseigneur d'Hautpoul-Mazamet à partir de
1713 ; — testament du dit Martial, s^r de Négrin et de
La Finarié, 1751 ; — procès au sujet de la succession pa-
ternelle entre les fils de Martial, qui sont : Pierre-Anne-
Guillaume de R. d'Hautpoul, Martial-Jean-François de
R. de Saint-Sauveur de La Clauze, Guillaume-Joseph de
R. de Négrin et La Finarié, énumération des objets mobiliers du château de Négrin, 1753 ; — vente par Guillaume-Joseph, s^r de Négrin et La Finarié, coseigneur
d'Hautpoul, 1762 ; — provision de l'office de gouverneur
de la ville de Mazamet pour Martial-Jean-François, de
Saint-Sauveur de Négrin, 1769 ; — dette, acquisitions
de Pierre-Guillaume, ancien garde du corps du roi,
s^r de Lestan et Puechoursy, 1779-82 ; — procès du s^r de
La Finarié contre le vicomte de Paulin en tant que
héritier du marquis de Murviel 1780-82 (47 parch.,
9 pap.).

104) SABAUDEL, 1644. — Acquisition par Suzanne S.,
de Négrin (1 parch.).

105) del SAICHESC, 1333. — Déguerpissement par Huc
del S , de Curvalle (1 parch.).

106) de SAINT-AMANS, 1355 — Lauzime par Aimeric de
S., de Saint-André d'Alban (1 parch.).

107) de SAINT-MAURICE, 1411-1551. — Reconnaissances
en faveur de, lauzimes par Raimond de S., habitant de
Plaisance, 1411, — et son fils. Pierre, 1414-38, le dit
Raimond se qualifiant s^r d'*Abeilhano* à partir de 1437 ;
— Pierre de S., s^r de Coudols au diocèse de Rodez, et

— 15 —

(en 1443) vicomte de Paulin, agissant le plus souvent de
concert avec son frère Guilbert, prieur de Coudols et de
Saint-Paul-*Marsuguerii*, 1438-43 ; — Guilhot de S., s^r de
Castan et coseigneur de Marsalès, 1450-76 ; — le même
Guilhot et son frère, Guitbert, prieur, 1452 ; — Adémar
de S., recteur de Tartas et *Salinhio*, et son frère, Raimond, s^r de Castan, 1493 ; — le dit Raimond, chevalier,
1512 ; — accord du même, qualifié s^r de Castan, Marsalès et Ampiac, au sujet du domaine de Saint-André que
sa femme Rose de Rabastens avait reçue en dot de son
père Pilfort de Rabastens, vicomte de Paulin, avec
l'assentiment du fils de celui-ci, Philippe-Jean, 1514,
— laüzimes par Anna de S., seigneuresse de Saint-André,
Castan, La Roque, coseigneuresse d'Ampiac et Marsalès, 1551 (22 parch.).

108) de SAINT-PAUL, [vers 1440]-1476 — Lauzimes par
la veuve de Barthélemy de S., de Trébas, [vers 1440] ;
— Bertrand de S., coseigneur pour un tiers du château
de Nogaret près d'Alban, 1476 (2 parch).

109) SAUCHOL, 1324. — Lauzime par Guillaume S.,
damoiseau de Curvalle, (1 parch.).

110) SAVANHA, 1325. — Lauzime par André S., de
Curvalle (1 parch.).

111) SEGUIN, 1770 et 78. — Aveux et dénombrements
par Nicolas S., de Carmaux, (2 parch.).

112) de SOLAGES, 1394-1675 — Reconnaissances et
hommages en faveur de Guillaume de S., coseigneur de
Miramont, diocèse de Rodez, 1394-1411 ; — Jean de S.,
s^r de Centrès, Castelnau-Peyralès, Miramont, etc. 1482 ;
— aveu et dénombrement par Camille de Pesteils, dame
du Cayla, veuve de Charles de Beaufort, s^r du Cayla,
1634 ; — procès de Joseph de Cassagnes-Beaufort, marquis de Centrès et Miramont, ayant droit des de Solages
(3 pap.).

113) de SOUBIRAN, 1510-1603. — Reconnaissances en
faveur d'Antoine de S., s^r d'Arifat, 1510-13 ; — certificat
d'aptitude au diaconat pour François de S, religieux
bénédictin, 1555 ; — collation de la commanderie de
Lugans par le grand maître de l'Hôpital pour Philippe
de S.-Arifat, 1593, avec bulle en plomb ; — procès de
Charles de S., s^r d'Arifat, 1603 (3 parch.)

114) TARDIEU, 1290. — Acquisition par Guillaume T.,
c Curvalle (1 parch.).

115) de TEISSIER, 1608 — Aveu et dénombrement par
Claude de T., s^r de Silhac (1 parch.).

116) TOURNIER, 1532. — Testament d'Antoine T., de
Lombers (1 parch.).

117) de VALLE, 1375. — Acquisition par Jean de Valle, de Lautrec (1 parch.).

118) VASSAL, 1251. — Lauzime par Pierre V., de Lombers (1 parch.).

119) VIGNÉVIEILLE, 1588-1604. — Acquisitions par Jacques V., marchand de Mazamet (4 parch.).

120) VILLENEUVE, 1591-1725. — Provision d'un office de notaire à Fréjairolles pour Jacques V., de Denat, 1591 ; — baptistaire de Marc-Antoine de V., fils du sr de La Barthié. 1685 ; — accord conclu entre Jeanne de V., femme de Jean Dupuy, sr de Labastide-Denat, Pierre de V., tous deux héritiers d'Antoine de V. et Jacques-François Bonifas de Castelvert, 1725 (1 parch., 2 pap.).

121) (*Inconnu*), [vers 1440]. — Lauzimés de biens à Ambialet pour noble... (cah. incomplet).

122) (*Divers*), [fin du XIIᵉ s.] — Engagements de biens par diverses personnes dans une partie du Midi où se trouvent les lieux de Saint-Just, *Martres, Luscan, Petralata, Lerz, Saint-Genesio, Pontis, Tiviran, Anglada, Olson, Exon* et *Pans* (parch. sans date, de la fin du XIIᵉ siècle). — Il est à remarquer que le département des Hautes Pyrénées possède des localités appelées Peyraube, Lhez, Ozon dans le canton de Tournay. Tibiran dans le canton de Saint-Laurent de-Neste, Anglade dans celui de Pouyastruc et que ces trois cantons sont situés dans une même région; d'autre part, Luscan, Martres et Pointis se retrouvent dans un département limitrophe, celui de la Haute-Garonne, et dans les cantons de Saint-Bertrand et de Saint Gaudens, très rapprochés des précédents.

123) Recueil de testaments mystiques (1) de :

Alary, François, prébendier du chapitre de Lautrec, 1736,

* d'Albert, Jean, sr de La Grange et Mas-Dieu, 1669,

Alric, Pierre Jean, curé de Saint-Salvi-de-Montlong, 1781,

Amiel, Anne et Saignes, Marie, de Lautrec, 1697.

Auriol, Michel, de Lautrec, 1756,

Bardou, Jacques, de Saint-Jean-de-Magreprebeyre, 1756 et 1762.

---

(1) Provenant presque tous d'une étude notariale de Lautrec. Ils sont écrits sur papier.

* L'astérisque placé devant un des noms de cette liste indique qu'il existe un dossier sous la même rubrique dans la première partie des titres de famille.

Batailler, Elisabeth, de Graulhet, 1751 et 1767,

Batiffol, Antoine, de Lautrec, 1778,

Batiffol, Jean-Antoine, de Lautrec, 1785,

Batiffol, Marie-Thérèse, de Lautrec, 1756,

Batigne, Marie, de Saint-Julien-du-Puy, 1773,

Batigne, Marie, de Berlan, 1777,

Benazech, Jeanne, de Lautrec, 1826,

Boutellié, Antoine, avocat de Castres, 1765,

Boutes, Mathieu, de Castres, 1819,

Boyer, Guillaume, sr de Lavalette, avocat de Lautrec, 1754 (cachet aux armes du testateur),

Boyer de Saint-Martin, Jean-Pierre, avocat de Lautrec, 1765,

Cabaussel, François, curé de Saint-Pierre-d'Espertens, 1738,

Cahuzac, Blaise, prébendier du chapitre de Lautrec 1742,

Calmettes, Jean, de Saint-Jean-de-Jonquières, 1767,

* de Capriol, Antoine, sr de Mandoul, 1685 (cachet aux armes),

* de Capriol, Jean-François, sr de Puechassaut, 1757 (cachet aux armes) (1).

Carme, Jean-Jacques, curé de Sainte-Cécile de-Lastourges, 1785,

* Castanier, Philippe, chanoine du chapitre de Lautrec, 1738,

Causse, Guillaume, bénéficier du chapitre de Lautrec, 1790,

Causse, Louis, de Lautrec, 1761 et 1780,

Chambal, Marie-Jeanne, de Lautrec, 1759 cachet aux armes de Lautrec, avec la légende LAVTREC 1657),

Chambal, Pierre-Jean, de Lautrec, 1752.

Corbière, Louis, de Lautrec, 1761,

Dacier de Pomeyrols, Pierre, de Lautrec, 1694.

Daussion, Aimé, prébendier du chapitre de Lautrec, 1693

* Ducros, Pierre, chevalier, sr de Brenas, 1758,

---

(1) L'écu des de Capriol est *parti*, c'est-à-dire divisé en deux parts égales dans le sens vertical ; les meubles sont: d'un côté trois hermines 2 et 1, de l'autre un cerf « saillant ». Il est à remarquer que sur le cachet du sr de Mandoul les hermines sont à dextre et le cerf à senestre, sur celui du sr de Puechassaut c'est la disposition inverse ; cerf à dextre, hermines à senestre.

Dulac de Bellegarde, Louise, de Lautrec, 1764 (cachet à ses armes).

Dulac de Montvert, Marie-Gabrielle, de Lautrec, 1755 (cachet à ses armes),

Dutilh, Antoine, de Lautrec, 1758 et 1780,

Escrive, Jacques, hôtelier de Lautrec, 1731.

de Fabre, Alexie, femme d'Abel de Cavayer, sʳ de Provillergues, 1680,

Faliez, Etienne, de Provillergues, 1793,

de Foucaud (comte), Bernard, sénéchal de Castres, habitant le château de Braconac, 1781 (cachet à ses armes),

de Foucaud et Daure, Pierre, sʳ de Braconac et Saint-Juéry, sénéchal de Castres, habitant le château de Braconac, 1767 (cachet à ses armes),

Franques, Jean, de Lautrec, 1689,

Frézouls, Jean-Jacques, de Saint-Sulpice 1776,

Frézouls, Pierre, de Graissac, 1751,

Gaugy, Jean-François, curé de Saint-André-d'Alayrac, 1766,

de Gautier de Boisset, Henri-François, chanoine du chapitre de Lautrec, 1787,

Gazaignes, Etienne, chanoine du chapitre de Lautrec, 1764,

Ginestet, Jean-Pierre, de Saint-Julien-du-Puy, 1789,

Goffre, François, apothicaire de Lautrec, 1763,

Goffre, Marie, de Lautrec, 1736,

Goffre, Marie-Anne, de Lautrec, 1775 (cachet communal de Lautrec déjà cité),

Grimaldi, Antoine, prébendier du chapitre de Lautrec, 1716,

Guy, Etienne, hebdomadier du chapitre de Lautrec, 1771,

Guy, Jean-Jacques, de Lautrec, 1767,

Guy, Jean-Joseph, de Lautrec, 1781,

Guy, Jeanne, de Lautrec, 1774 et 1783,

Guy, Joseph, prébendier du chapitre de Lautrec, 1729,

Guy, Louis, avocat de Lautrec, 1768,

Hersaut, Antoine, perruquier, de Saint-André-d'Alayrac, 1778 (cachet de Lautrec),

Jullia, Joseph, ancien notaire de Lautrec, 1754,

Lafon, Anne, de Cuq, 1772,

Lafon, Françoise, de Lautrec, 1752.

* Lagrèze, Louise, de Lautrec, 1745,

de Lamare, Marie-Anne, de Bayeux, 1761 et 1762,

de Landes de Saint-Palais, François, chanoine du chapitre de Lautrec, 1782 (cachet à ses armes),

de Latané, Claire, de Lautrec, 1667,

Lauret, François, de Lautrec, 1774,

Maraval Rose, de Saint-Martin-de-Calmés près Montredon, 1772.

Massiès, Pierre, de Lautrec, 1782.

de Morlas, Elisabeth, de Lautrec, 1747,

Moulis, Jean-Pierre, de Lautrec, 1787,

* de Passemar de Saint-André, Gabrielle, au château de Cuq, 1772,

* Paulin, Jean, de Venès, 1816,

* de Perrin, Catherine-Claire, de Lautrec, 1767 et 1778,

Peyre, Barthélemy-Joseph, de St-Julien-du-Puy, 1770,

Peyre, Louis, de Saint-Julien-du-Puy, 1761,

Peyrusset, Barthélemy, de Venès, 1733,

Pezet, Jean, notaire de Lautrec, 1717,

Pezet, Jean, avocat de Lautrec, 1727,

Pignol, Louis, curé de Saint-André-d'Alayrac, 1781,

Polier, Antoinette, de Lautrec, 1789 (cachet : le Temps avec sa faux et un sablier),

Popy, Jean, ancien chanoine du chapitre de Lautrec, 1773,

Prudhomme, Marguerite, de Labessière, 1784,

Puech, Denis, de Saint-Julien-du-Puy, 1758,

* de Pujol de La Tour, Louis-Charles, de Lautrec, 1768,

Ramond, Pierre, de Saint-Etienne-de-Graissac, 1783,

de Ramond, Jeanne-Jaquette, de Lautrec, 1766,

de Ramond du Pouget, Maurice, de Lautrec, 1778 (cachet à ses armes),

de Requirand, Pauline, épouse de Perrin, de Lautrec, 1759 (cachet à ses armes).

de Robert de Lagarrigue, Etienne-Bernard, de Serviès, 1773,

Roux, Joseph, curé de Saint-Pierre-de-Mazières près Montpinier, 1783,

Saignes, Marie. — Voy. Amiel.

de Saint-Laurens, Sébastien, sʳ de La Rigaudié, chanoine du chapitre de Lautrec, 1698.

Salaverd, Jean, curé de Guitalens, 1754.

Sanson, Jean-Pierre, avocat de Lautrec, 1777 (cachet aux armes de Lautrec),

Sanson, Pierre, clerc tonsuré, bénéficier du ci-devant chapitre de Lautrec, 1793,

de Sanvensa, Ursule de Lautrec, femme de Luc de Nogaret, vicomte de Trélans, 1737 (cachet à ses armes),

de Seigneuret de Loubens, Henriette-Paule-Elisabeth, femme de Bernard de Foucaud, au château de Braconac, 1785 (cachet portant deux écus, l'un aux armes des de Foucaud, l'autre aux armes des de Seigneuret),

Solier, Michel, de Réalmont, 1745 (104 pap.).

(E) **Notaires**, 1347-[début du xviiᵉ s.]

de Castres et Lautrec :

124) J. Amans et G. Barrau, de Castres et J. de Mauléon, de Lautrec, 1393-1406 (reg. ; plusieurs actes intéressent les Chartreux de Saïx);

de Curvalle :

125) Pierre de Sieurac, 1347-48 (reg.);

de Lautrec :

126) Pierre de Paliès (*de Paleriis*)		1362-73	
127)	id.	1366-67	(3 reg.)
128)	id.	1372-75	
129) Jean Arraby	. . . .	1555-56	
130)	id.	1557-64	
131)	id.	1558-60	
132)	id.	1560-62	
133)	id.	1565-67	
134)	id.	1567	10 reg.)
135)	id.	1572	
136)	id.	1572-75	
137)	id.	1579-80	
138)	id	1581-82	
139) Jean Boyer	. . . . . .	1566-82	(2 reg.)
140)	id.	1581-84	
141) Pierre Boyer	. . . . .	1589-91	
142)	id.	1593-99	
143)	id.	1595-97	(5 reg.)
144)	id.	1596-98	
145)	id.	1598-99	

146) Jean Holmière. . . . .   1598-99 } (2 reg.)
147)   id.   Répertoire, 1598-[xvii^es.] }

de LOMBERS :

148) N... 1491-92 (reg.)

de MONESTIÉS :

149) N... . . . .   1508-24 } (2 reg.)
150) Thorreux. . .   1573-74 et 1577 }

de MONTDRAGON :

151) Blatgier . . . .   1567-78 \
152)   id.   1578-80 |
153)   id.   1581 et une addition de 1615 |
154)   id.   1582 |
155)   id.   1583 |
156)   id.   1584 |
157)   id.   1587-88 } (13 reg.)
158)   id.   1589-90 |
159)   id.   1591-92 |
160)   id.   1593-95 |
161)   id.   1596-97 |
162)   id.   1598 |
163)   id.   1599   /

de RÉALMONT :

164) Guillaume de Lacombe, 1545-52 (fragment de reg.).

de SENAUX :

165) Barthélemy de Lucatier (*de Lucaterio*), 1504-9 (reg.).

(E) **Communautés, 1363-1781.**

166) ALBI, 1363-1781. — Élections consulaires, 1554 ; — impositions, dettes, 1552-1721 ; — pièces à l appui des comptes, 1404-1778 ; — travaux communaux (rues, murs de ville, boucherie), 1618-1721 ; — cantonnement d'une compagnie d'archers, 1526 ; — procès contre Sicard III de Lescure, 1363, et autres, [1500]-1707 ; — affaires de police, 1698-1731 ; — biens patrimoniaux, foires et marchés, corporation de boulangers, confrérie de sainte Catherine, 1678-1781. — *Castelviel d'Albi*, 1510-1732. — Élections consulaires, 1643-49 ; — impositions, domaine, 1549-1732 ; — maladrerie, 1635-36 , — procès, 1510-11 (1 parch., 223 pap.).

167) ALBI (suite et fin), 1642-74. - Baptêmes, mariages et sépultures de la paroisse Saint-Salvi (reg.).

168) BRUC (LE), 1667-1715. — Délibérations communales (reg.).

169) BRUC (LE) (suite), 1556. — Allivrement des habitants imposables (reg.).

170) BRUC (LE) (suite et fin), 1620 [vers 1700]. — Mutations au compoix (reg. en mauvais état).

171) LABOUTARIÉ, 1667-97. — Délibérations communales (reg.)

172) LAUX (LE), 1728-30. — Délibérations communales, (fragment d'un reg.).

173) LAVAUR, 1606. — Confirmation des privilèges locaux (1 pap.).

174) LOMBERS, 1622-86. — Nomination des consuls par le Parlement, 1622 ; — domaine, 1641-58, dettes, 1686 (1 parch., 3 pap.).

175) MIOLLES, [xvᵉ s.]. — Compoix (*possessori* et *moble*) (reg.).

176) MONTDRAGON, 1562. — Compoix, (reg.).

177) MONTDRAGON (suite et fin), 1614 1705 — Impositions, 1705 ; cession du domaine à la communauté par Antoine de Castelpers, vicomte de Panat, baron de Lombers, 1614 ; aveu et dénombrement, 1685 (1 parch., 2 pap).

178) PAULINET, 1502 Procès des habitants de Saint-Jean-de-Janes contre leur curé (1 parch.).

179) POUZOLS, 1725-52. — Impositions, aveu et dénombrement, 1725-52 ; — procès [xviiiᵉ s.] (4 pap.).

180) RÉALMONT, 1678. — Procès contre les protestants au sujet du cadastre, contenant une notice historique sur la localité et un commentaire de sa charte (cah.).

181) SIEURAC, 1707-30. — Délibérations communales, 1718-30 ; — adjudication du domaine à Etienne de Capriol, sʳ de Mandoul, 1707 (1 cah., 1 pap.).

182) SAINT-JULIEN-DU-PUY, 1699-1703. — Rôles des impositions (reg.).

183) TRÉBAS, [xviiiᵉ s.]. — Procès de Trébas et Gaïcre (1 pap.).

(G) **Clergé séculier, 1307-1787.**

184) EVÊCHÉ ET ARCHEVÊCHÉ D'ALBI, 1419-1678. — Bulle d'investiture pour Hiacynthe Serroni, [1678 ; — asso-

ciation du même archevêque aux prières des Jésuites, 1681 (signature du général de l'ordre, Oliva); — afferme des dîmaires, 1419 (2 parch., 1 pap.).

185) Archevêché d'Albi (suite et fin), 1787. — Afferme des dîmaires, (reg.).

186) Diocèse d'Albi, 1693-95. — Insinuations ecclésiastiques, (reg.).

187) Paroisses et chapellenies, 1307-1708.

Albi, 1641. — Réunion de chapellenies de l'église Sainte-Cécile ;

Cadalen, 1533. — Chapellenie ;

Lautrec, 1307-1610. — Recueil d'actes de fondation, d'obits et chapellenies 1307-1610 ; — lauzimes pour la chapellenie de Montlauzi, 1365-1433 ;

Lombers, 1521. — Fondation de chapellenie ;

Réalmont, 1538-1708. — Fondation et gestion des biens d'une chapellenie, (5 parch., 6 pap., 1 cah.).

(H) **Clergé régulier**, 962-[xviii⁰ s.].

188) Abbaye d'Ardorel, 1617. — Reconnaissances pour des biens situés à Augmontel (1 parch.)

189) Abbaye de La Salvetat, 962-1505. — Donation à l'abbaye *Sancti Petri a Rodas*, 962 (publiée dans la *Revue du Tarn*, t. III, p. 285 avec fac-simile); — arrentement, 1505 ; — lauzimes, 1564-65 (2 parch., 1 cah.).

190) Abbaye de La Salvetat (suite et fin) [xviii⁰ s.]. — Arpentement avec plans de terres situées à Montdragon (reg. incomplet du premier feuillet). (1)

191) ...?.., 1642. — Arpentement de biens situés à Albi et dans les environs dépendant selon toute vraisemblance d'une congrégation religieuse qui n'est pas nommée (cah.).

192) Commanderie de Rayssac (Hospitaliers), 1418-85. — Lauzimes et autres actes (reg.).

(1) Ce registre concerne très probablement La Salvetat, mais l'absence du premier feuillet qui devait porter un titre, par conséquent le nom du bénéficier, ne permet pas de le prouver.

(Extrait de l'*Annuaire du Tarn* pour 1906)

ALBI. — IMPRIMERIE NOUGUIÈS